Texte • Medien

W0328135

Barock: Lyrik

Epoche und Epochenvergleich

Arbeitsheft

Erarbeitet von Peter Bekes

Schroedel

Texte . Medien

Herausgegeben von Peter Bekes und Volker Frederking

Druck A 1 / Jahr 2009
Alle Drucke der Serie A sind im Unterricht parallel verwendbar.

Redaktion: Frank Sauer
Herstellung: Ira Petersohn, Ellerbek
Reihentypografie: Iris Farnschläder, Hamburg
Satz: UMP Utesch Media Processing GmbH, Hamburg
Druck: pva, Druck und Medien-Dienstleistungen GmbH, Landau

Das Texte . Medien -Programm zu »Barock: Lyrik«:

978-3-507-47039-2 Textausgabe mit Materialien
978-3-507-47139-9 Arbeitsheft
978-3-507-47239-6 Informationen für Lehrerinnen und Lehrer

Informationen und Materialien im Internet:
www.schroedel.de/textemedien

ISBN 978-3-507-47139-9

Inhalt

Biografie
Biografische Informationen und Zusammenhänge untersuchen **4**
Dichterporträts in vergleichender Weise deuten und beurteilen **6**

Entstehung
Historische Zusammenhänge erschließen **8**

Verstehen und Deuten
Lebensbilder und Lebenslauf
Adjektive einsetzen und ihre Funktion erkennen **10**
Ein Gedicht emblematisch deuten **11**
Einen Bildbereich erklären und reflektieren **12**
Liebe
Im Rückgriff auf Markierungen ein Gedicht analysieren **14**
Ein Gedicht intertextuell untersuchen **15**
Krieg
Ein Geschichtsbild einordnen und beurteilen **16**
Staat und Gesellschaft
Motive vergleichend analysieren **17**
Das Verhältnis von Bild und Text analysieren und reflektieren **18**
Lebensgestaltung: carpe diem – memento mori
Ein Gedicht rekonstruieren **19**
Gedichte entflechten **20**
Natur – das Buch Gottes
Gedichte vergleichend analysieren **21**
Ein Gedicht mit Hilfe einer Interpretation erschließen **22**
Epochenbezüge – Epochenvergleiche
Den Epochenumbruch erkennen **24**
Metaphorik deuten und geschichtlich einordnen **25**
Mediale Gestaltung
Ein Figurengedicht erschließen und verfassen **26**
Ein Emblem beschreiben und deuten **27**
Bild und Text in vergleichender Weise deuten **28**

Wirkung
Eine Mindmap erläutern und anwenden **29**
Kenntnisse überprüfen und sichern **30**
Spruchrätsel lösen **31**

Text- und Bildquellen **32**

Verwendete Abkürzung: T = Textausgabe von »Barock: Lyrik«

Biografische Informationen und Zusammenhänge untersuchen

Eberhard Mannack **Andreas Gryphius** (1968)

Andreas Gryphius, am 2. Oktober 1616 in dem der böhmischen Krone unterstellten Erbfürstentum Glogau in Schlesien geboren, litt bereits in früher Jugend unter den Wirren des Krieges, dessen Schrecken er schon in seiner ersten, von Vanitas-Vorstellungen erfüllten Sonettsammlung (1637) eindrucksvoll nachzeichnete. Ehe der aus Glogau vertriebene Pfarrerssohn 1632 Aufnahme im Fraustadter Gymnasium fand, war er auf den Unterricht durch den Stiefvater und auf eigene Studien angewiesen. In enger Anlehnung an die Heilige Schrift verfasste Gryphius seine lateinischen Herodesepen (1633–1635), die eine Vorstufe der deutschen Dichtersprache des Autors darstellen. Nach dem Besuch des Akademischen Gymnasiums in Danzig war er als Hauslehrer bei Georg von Schönborn tätig, der ihn zum Poeten krönte und ihm das Adelsprädikat und den Magistertitel verlieh. In Leiden, wo er sich seit 1638 zum Studium aufhielt, erschienen Sammlungen seiner Sonette und Oden – eindrucksvolle Zeugnisse der poetisch-rhetorischen Kunstfertigkeit des Dichters. Nach einer Bildungsreise durch Frankreich und Italien (1644–1646) vollendete er in Straßburg sein erstes, durch das klassische Drama der Niederländer ebenso wie die Dramen Senecas und die christliche Märtyrertragödie beeinflusstes Trauerspiel »Leo Armenius«. 1650 übernahm er das aufreibende Amt des Syndikus der glogauischen Landstände, für deren Rechte er sich mit der Publikation der »Landes Privilegia« nachhaltig einsetzte. Neben Dramenübersetzungen schuf er Lustspiele (»Herr Peter Squentz«, »Horribilicribrifax«, »Verlibtes Gespenste/Die gelibte Dornrose«) und die besonders auf Schulbühnen aufgeführten, von der christlich-stoischen Constantia-Vorstellung geprägten Trauerspiele »Catharina von Georgien«, »Cardenio und Celinde«, »Carolus Stuardus« und »Aemilius Paulus Papinianus«. 1662 wurde der schon in seinen letzten Lebensjahren als vorbildlich geltende Dichter als der »Unsterbliche« in die Fruchtbringende Gesellschaft aufgenommen. Andreas Gryphius starb während einer Sitzung der Landstände am 16. Juli 1664.

1 Ordnen Sie die gefundenen Informationen zu dem Leben von Andreas Gryphius den vorgegebenen Aspekten in der Grafik auf S. 5 zu. Weitere Informationen können Sie dem Materialteil der Textausgabe sowie Biografien über Gryphius, Handbüchern und dem Internet entnehmen.

2 Wählen Sie ein Zitat aus den Gedichten von Gryphius aus, das Ihrer Ansicht nach den Autor besonders gut charakterisiert. Erläutern Sie es.

Familie	Ausbildung	Poetische Tätigkeit

Beruf

Reisen

Herkunft	Lebenserfahrungen

3 Inwiefern ist die Biografie von Gryphius typisch für ein Dichterleben im 17. Jahrhundert?

Dichterporträts in vergleichender Weise deuten und beurteilen

Die Bilder auf S. 6 und 7 zeigen zwei berühmte Barockdichter. Die ihnen jeweils zugeordneten Texte sind der Erzählung »Das Treffen in Telgte« von Günter Grass entnommen. Der Dichter schildert in seinem Werk ein fiktives Treffen von etwa 20 Dichtern, Musikern und Verlegern im Jahr 1647. Zu ihnen zählen auch Johann Rist und Johannes Scheffler (Angelus Silesius). Während die politischen Gesandten der Kriegsmächte in Osnabrück und Münster über den Frieden verhandeln, tragen die Autoren in Telgte ihre Texte vor, diskutieren über Formen und Ziele der Dichtkunst. Und verfassen einen Friedensaufruf.

Günter Grass **Das Treffen in Telgte** (1979)

Unterm Gelächter hatte indessen der »Elbschwan« zwischen Dach und der Distel den Schemel besetzt. So wurde Johann Rist, auf den »Boberschwan« Opitz anspielend, gelegentlich von Freunden gerufen, mit denen er als Mitglied der Fruchtbringenden Gesellschaft als »Der Rüstige« korrespondierte. Alles an Rist war stattlich: sein nachhallender Predigerschwall, seine kammerherrlichen Auftritte, sein satter, marschländischer Humor, sein riesiges, immer mit bestem Tuch gekleidetes Gliederwerk, der Bart, die griffige Nase und selbst sein wäßriger Blick, so tückisch er sein linkes Auge verengen konnte. Zu allem hatte er eine Meinung. Nichts kam ihm unwidersprochen davon. Immer in Fehden (nicht nur mit Zesen) verzettelt, blieb er doch fleißig auf seinen Papieren, in denen er nun, vorerst unentschlossen, zu kramen begann, bis er sich straffte, bereit. Rist kündigte an, daß er dem Friedensschluß, welcher noch immer bei Waffenlärm ausgehandelt werde, voraus sein wolle und deshalb ein Schauspiel niederzuschreiben begonnen habe, welches »Das Friedejauchzende Teutschland« heißen solle. (*Text in alter Rechtschreibung*)

Günter Grass **Das Treffen in Telgte** (1979)

Danach saß Johann Scheffler, der bald als Arzt katholisch und als Priester (unter dem Namen Angelus Silesius) die jesuitische Gegenreformation fördern sollte, neben der Distel. Zuerst stockend und zwischen seinen Wörtern verirrt, dann gefaßter, weil ihn Czepkos Ruf »Mut, Student!« gestärkt haben mochte, las er eine frühe Fassung des später bei allen Konfessionen gebräuchlichen Kirchenliedes: »Ich will dich lieben, meine Stärke ...«. Dann sagte er einige Sinnsprüche auf, die nach zehn Jahren erst in letzter Form unter dem Titel »Cherubinischer Wandersmann« ihren Weg machen durften, vorerst jedoch die Versammlung verwirrten, weil Verse wie dieser: »Ich weiß, daß ohne mich Gott nicht ein Nun kan leben ...« oder dieser gar: »Als Gott verborgen lag in eines Mägdleins Schoß, Da war es, da der Punct den Kreiß in sich beschloß« allenfalls bei Czepko und Logau ein Ohr fanden.

Wie gestochen sprang Gerhardt auf: Wieder mal locke ein schlesisches Irrlicht! Es spreche aus seinen Schülern noch immer der vermaledeite Schuster. Täuschwerk und Schwärmerei! Er warne vor dem falschen Glanz des Gott mißbrauchenden Widersinns.

Als Pfarrer der Wedelschen Kirchgemeinde sah sich Rist aufgerufen, allem, was Gerhardt gesagt hatte, wie von der Kanzel herab beizustimmen: Aber er wolle nicht deutlicher werden, indem er womöglich papistisches Gift in dem Schnickschnack vermute.

Es verwunderte, daß der Lutheraner Gryphius ein Wort für Scheffler einlegte: So fremd sie ihm sei, so wohl tue ihm die Anmut dieser sich wundersam schließenden Ordnung.

(*Text in alter Rechtschreibung*)

1 Notieren Sie Ihre Gedanken und Empfindungen zu den beiden Porträts.

2 Konfrontieren Sie Ihre Eindrücke mit den Kurzporträts, die Günter Grass zu den beiden Autoren in seiner Erzählung »Das Treffen in Telgte« gibt.

3 Wie stellen Sie sich die Lebensumstände in der damaligen Zeit vor? Versuchen Sie sie aus den Bildern abzuleiten. Beziehen Sie in Ihre Überlegungen die Kurzbiografien der beiden Autoren in der Textausgabe mit ein (T, S. 124 f.).

Historische Zusammenhänge erschließen

Wir sind doch nunmehr ganz, ja mehr denn ganz verheeret!
Der frechen Völker Schar, die rasende Posaun,
Das vom Blut fette Schwert, die donnernde Kartaun
Hat aller Schweiß und Fleiß und Vorrat aufgezehret.
(Andreas Gryphius)

Mensch werde wesentlich; denn wann die Welt vergeht /
So fällt der Zufall weg / das Wesen das besteht.
(Angelus Silesius)

Albanie gebrauche deiner Zeit
Und lass den Liebeslüsten freien Zügel.
(Christian Hoffmann von Hoffmannswaldau)

SCwing dich / meine Seel' / in Himmel / aus der Eitlen Zeitlichkeit!
Schwing dich hin / woher du kommst / wo du auch wirst wider bleiben
(Catharina Regina von Greiffenberg)

Geh aus mein Herz und suche Freud
In dieser lieben Sommerzeit
An deines Gottes Gaben
(Paul Gerhardt)

DU sihst / wohin du sihst nur Eitelkeit auf Erden.
Was dieser heute baut / reist jener morgen ein
(Andreas Gryphius)

Luthrisch / Päbstisch und Calvinisch / diese Glauben alle drey
Sind verhanden; doch ist Zweiffel / wo das Christenthum dann sey.
(Friedrich von Logau)

1 Welche Ereignisse, Themen, Probleme und Strömungen waren für das Barockzeitalter prägend? Stellen Sie epochenspezifische Bezüge zu den Bildern und Zitaten her.

2 Versuchen Sie das Lebensgefühl der Menschen dieser Zeit wiederzugeben. Welche Unterschiede sehen Sie zwischen der Epoche des Barock und Ihrer Gegenwart?

3 Erstellen Sie am Ende der Unterrichtsreihe Ihre persönliche Collage zu dieser Zeit. Beziehen Sie dabei die im Unterricht besprochenen Texte ein.

Lebensbilder und Lebenslauf

Adjektive einsetzen und ihre Funktion erkennen

Andreas Gryphius **An die Welt** (1650)

Mein oft ________________ Schiff, der ________________ Winde Spiel,
Der ________________ Wellen Ball, das schier die Flut getrennet,
Das über Klipp' auf Klipp' und Schaum und Sand gerennet,
Kommt vor der Zeit an' Port, den meine Seele will.
Oft, wenn uns ________________ Nacht im Mittag überfiel,
Hat der ________________ Blitz die Segel schier verbrennet!
Wie oft hab' ich den Wind und Nord und Süd verkennet!
Wie ________________ ist der Mast, Steu'rruder, Schwert und Kiel.
Steig aus, du ________________ Geist! Steig aus! Wir sind am Lande!
Was graut dir für dem Port? Jetzt wirst du aller Bande
Und Angst und ________________ Pein und ________________ Schmerzen los.
Ade, ________________ Welt: Du See voll ________________ Stürme:
Glück zu, mein Vaterland, das ________________ Ruh' im Schirme,
Und Schutz und Frieden hält, du ________________ Schloss!

1 In dem Gedicht »An die Welt« von Andreas Gryphius fehlen die Adjektive. Suchen Sie passende Eigenschaftswörter und setzten Sie sie in den Text ein. Achten Sie dabei auf die metrische Ordnung der Verse.

2 Finden Sie durch Recherche die Originalfassung des Gedichtes von Gryphius. Nutzen Sie dazu das Internet, Textsammlungen zur Barocklyrik oder Werkausgaben von Gryphius. Vergleichen Sie damit Ihre Textfassung.

3 Interpretieren Sie das Gedicht. Berücksichtigen Sie in ihrer Deutung Funktion und Wirkung der Adjektive.

4 Welche charakteristischen Bilder und Anschauungen des Barockzeitalters finden sich in dem Gedicht? Beziehen Sie in Ihre Überlegungen auch den Text »Die Welt« von Christian Hoffmann von Hoffmannswaldau ein (T, S. 84).

Ein Gedicht emblematisch deuten

1 Betrachten Sie das Emblem und notieren Sie Eindrücke.

2 Beschreiben und deuten Sie es, indem sie zum Bild in zweizeiliger Form eine Unterschrift (Subscriptio) verfassen.

3 Beziehen Sie die Aussage des Emblems auf das folgende Gryphius-Gedicht.

Andreas Gryphius **An Eugenien** (1663)

Was wundert ihr euch noch, Ihr Rose der Jungfrauen,
Dass dieses Spiel der Zeit, die Ros in eurer Hand
Die alle Rosen trotzt, so unversehns verschwand?
Eugenie so geht's, so schwindet, was wir schauen.
Sobald des Todes Sens wird diesen Leib abhauen,
Schaut man den Hals, die Stirn, die Augen, dieses Pfand
Der Liebe, diese Brust in nicht zu reinsten Sand,
Und dem, der euch mit Lieb itzt ehrt, wird für euch grauen.
Der Seufzer ist umsonst, nichts ist, das auf der Welt,
Wie schön es immer sei, Bestand und Farbe hält.
Wir sind von Mutterleib zum Untergang erkoren.
Mag auch an Schönheit was der Rosen gleiche sein,
Doch ehe sie recht blüht, verwelkt und fällt sie ein;
Nicht anders gehn wir fort, sobald wir sind geboren.

Einen Bildbereich erklären und reflektieren

1 »Was ist die Welt?«, so fragt Christian von Hoffmann von Hoffmannswaldau in seinem bekannten Gedicht (T, S. 84). Die Antwort vieler seiner literarischen Zeitgenossen auf die Frage lautet: Sie ist ein Bühnenspiel. Wie erklären Sie sich diese Großmetapher? Stellen Sie anhand der folgenden Zitate Bezüge zwischen Bild- und Sachbereich her.

Nemt Kleid und Mantel hin! Wenn sich das Schaw-Spil endet /
Wird der geborgte Schmuck / wohin er soll gesendet.
(Andreas Gryphius)

Was ist dein Lebenslauff und Thun, o Mensch? Ein Spiel.
(Daniel von Czepko).

Was ist dieß Leben doch? Ein Trawerspiel ists zu nennen.
(Johann Rist)

Spilt denn dis ernste spiell: weil es die zeit noch leidet.
(Andreas Gryphius)

Wol dem / der seine Troll' ihm läst befohlen seyn /
Und denckt: Es reist der Tod Spiel und auch Spiel-Platz ein.
(Christian von Hoffmann von Hoffmannswaldau)

DIe Welt spiel manches Spiel;
Sie spiele was sie will /
Sind Narren immer viel.
(Friedrich Logau)

Spiel noch so lang und gut die Rolle hier auf Erden,
Der Schauplatz muss einmal doch verlassen werden.
(Friedrich Rudolph Ludwig Canitz)

Es ist aber euer vermaschertes Leben ein blosses Spiel /
so dem der Todt ein End macht /
wirfft man euch samt andern unter die Erd.
(Abraham a Sancta Clara)

Die ganze Welt ist Bühne,
Und alle Frau'n und Männer sind bloße Spieler.
Sie treten auf und gehen wieder ab,
Sein Leben lang spielt einer manche Rollen.
(William Shakespeare)

2 Konkretisieren Sie in exemplarischer Weise Ihre Überlegungen, indem Sie Daniel von Czepkos Gedicht »Spiele wohl! Das Leben ein Schauspiel« (T, S. 22) interpretieren.

Richard Alewyn **Das Theater als vollkommenes Sinnbild der Welt** (1959)

Wohl ist es wahr, dass hier die ganze Welt auf die Bühne gezaubert wird, dass der expansive Drang des Theaters auch das Geistigste und Heiligste nicht verschont, aber auf keine andere Weise kann das Theater seinem Auftrag gerecht werden, vollständiges Abbild der barocken Welt zu sein. Denn noch einmal hat sich im Barock der transzendente Kosmos des Mittelalters wiederhergestellt, und nur darum dehnt sich das Theater noch einmal in die Vertikale aus. Wenn die Theaterkunst der Renaissance sich mit der Bühnenfläche begnügt hatte und wenn das 18. Jahrhundert wieder auf diese Ebene zurückkehren wird, so hat das nicht so sehr einen ästhetischen wie einen theologischen Grund. Die Horizontalbühne ist der Ausdruck einer Welt, die über die menschliche Ebene nicht hinausstrebt. Wenn nun umgekehrt im Barock, wie vorher im Mittelalter, das Theater sich nach oben und unten erweitert, wenn sich also die Vertikalbühne wiederherstellt, so ist hier mehr im Spiele als bloß die sinnliche Schaulust des Publikums oder die entfesselte Virtuosität der Ingenieure. Der ganze knarrende Apparat von Winden und Stricken, der das Bühnenflugwesen bediente, und die Eroberung des Luftraumes sind das Zeichen dafür, dass das Theater wieder den ganzen Durchmesser der christlichen Welt umspannte: »vom Himmel durch die Welt zur Hölle«, und dass noch einmal die Comoedia humana von einer Comoedia divina überwölkt wurde.

Es verschiebt sich nicht nur die Grenze des Sinnlichen weit in die geistigen Regionen hinauf, auch umgekehrt senkt sich das Jenseits in die Sphäre des Sinnlichen hinunter. So wird es möglich, das barocke Theater unter zwei entgegengesetzten und sich scheinbar ausschließenden Aspekten zu betrachten. Nicht nur auf der geistlichen, sondern auch auf der weltlichen Bühne ist alles Sichtbare nur ein dünner Firnis, unter dem man rasch auf allegorischen und geistlichen Grund stößt. […]

3 Wie stellt Richard Alewyn in seinem Text den Zusammenhang von Welt, menschlichem Leben und Theater dar? Erläutern Sie seine Ausführungen anhand des folgenden Bildes.

4 Wie beurteilen Sie von Ihrem gegenwärtigen Standpunkt die Deutung der Welt als Theaterspiel? Verfassen Sie zu der Aussage »Dasein heißt eine Rolle spielen« einen Essay.

Liebe

Im Rückgriff auf Markierungen ein Gedicht analysieren

Christian Hoffmann von Hoffmannswaldau

Vergänglichkeit der Schönheit (1697)

Es wird der bleiche Tod mit seiner kalten Hand
Dir endlich mit der Zeit um deine Brüste streichen
Der liebliche Korall der Lippen wird verbleichen
Der Schultern warmer Schnee wird werden kalter Sand

Der Augen süßer Blitz, die Kräfte deiner Hand,
Für welchen solches fällt, die werden zeitlich weichen.
Das Haar, das itzund kann des Goldes Glanz erreichen,
Tilgt endlich Tag und Jahr als ein gemeines Band.

Der wohlgesetzte Fuß, die lieblichen Gebärden,
die werden teils zu Staub, teils nichts und nichtig werden.
Dann opfert keiner mehr, der Schönheit deiner Pracht.

Dies und noch mehr als dies muss endlich untergehen.
Dein Herze kann allein zu jeder Zeit bestehen,
Derweil es die Natur aus Diamant gemacht.

vanitas – *Liebeslyrik* – *Appell* – *endlich am Ende* – *Petrarkistische Motive und Bilder des Frauenlobs* – *Alexandriner* – *Personifikation des Todes als Liebhaber* – *memento mori* – *Oxymoron* – *Antithese* – *Aufzählung* – *Quartette* – *Blitz Blick* – *Anaphorische Reihung* – *Sonett* – *vanitas* – *Terzette* – *Resümee* – *Beständigkeit* – *Härte* – *Pointe Schlussfolgerung* – *carpe diem = Nutze den Tag, solange du noch Zeit hast!*

1 Ermitteln und fassen Sie zusammen, was Ihnen bei den Kommentierungen und der grafischen Bearbeitung des Gedichtes aufgefallen ist. Welche weiteren Aspekte haben Sie erkannt? Setzen Sie gegebenenfalls Ihre Untersuchung fort.

2 Vergegenwärtigen Sie sich noch einmal zentrale Ideen, Motive, Ziele und Schreibformen des Barocks. Welche hat Hoffmann von Hoffmannswaldau in seinem Gedicht aufgegriffen, wie hat er sie verwendet?

3 Analysieren und interpretieren Sie das Gedicht.

Ein Gedicht intertextuell untersuchen

Nicolas Poussin: Echo und Narcissus, um 1630

Narkissos, röm. **Narcissus,** war der Sohn des Flussgottes Kephissos und der Nymphe Leiriope. Seine Geschichte ist mit der Sage von der Nymphe Echo verbunden, welche die Aufgabe hatte, die Aufmerksamkeit Heras durch lange Gespräche abzulenken, sooft Zeus mit Nymphen schäkerte. Als Hera dahinter kam, strafte sie Echo derart mit Sprachlosigkeit, dass die Nymphe nur immer die letzten Wörter ihres Gesprächspartners wiederholen konnte und ein Schemen ohne Körper wurde. Echo verliebte sich in Narcissus, doch wies der schöne Jüngling ihre Liebe zurück. So sandte ihm Echo den Wunsch nach, er möge selbst auch nicht bekommen, was er liebe. Und Nemesis erhörte sie: Beim Trinken aus einem *Quellsee* verliebte sich N. in sein flüchtiges Spiegelbild und verzehrte sich danach, bis er tot umsank. Sein Leib wurde in die Blume verwandelt, die seinen Namen trägt, die *Narzisse.*

1 Auf welche Szene der mythischen Erzählung von Narziss und Echo bezieht sich das Bild von Nicolas Poussin?

2 Wie setzt sich Paul Fleming in seinem Gedicht mit der mythischen Geschichte der beiden Figuren auseinander?

3 Fleming hat in dem Gedicht biografische Erfahrungen mit Hilfe eines Akrostichons verarbeitet. Ermitteln Sie dieses und beziehen Sie es auf die Biografie des Autors.

Paul Fleming
Als Echo ward zu einem Schalle (1646)

Als Echo ward zu einem Schalle /
zu einer unbeleibten Lufft /
die durch das Thal mit halbem halle /
die / so sie ruffen wiederrufft /
da ward der hole Wald voll Klage /
das feige Wild stund als bethoert /
die Nymfen rufften Nacht und Tage /
wo bist du / Lust / die man nur hoert.

Narzissus / dir ist recht geschehen /
vor sahst du sie / und woltst sie nicht.
Itzt wilt du / die du nicht kanst sehen /
und hoerst nur / was sie dir nach spricht.
Der Brunnen der dich dich ließ schauen /
der straffte deinen stoltzen Muth /
daß nun nicht eine von den Frauen
dir biß auff diesen Tag ist gut.

Nicht / nicht so ist mein Sinn gesinnet /
bey mir ist alles uemmgewandt.
Ich liebe / die mir boeses goennet.
ich folge der / die nicht haelt standt.
Ich lauff' / ich ruff' / ich bitt' / ich weine.
Sie weicht / und schweigt / und stellt sich taub.
Sie leugnets und ists doch alleine /
die mir mein Hertze nimmt in Raub.

Ach, Freundin / scheu der Goetter-rache.
Daß du dir nicht zu sehr gefaellst /
daß Amor nicht einst deiner lache /
den du itzt hoehnst / und spoettlich haelst.
Daß / weil du nichts von mir wilst wissen
ich nicht mit Echo lasse mich /
und du denn muessest mit Narzissen
selbst lieben / und doch hassen dich.

Krieg

Ein Geschichtsbild einordnen und beurteilen

Epitaphe sind Aufschriften in Form von Epigrammen bzw. Sinnsprüchen, die sich in der Antike auf Gebäuden, Denkmalen und Grabsteinen finden.

Anonymus
Wallensteins Epitaphium (1644)

Hie liegt und fault mit Haut und Bein
Der Grosse KriegsFürst Wallenstein.
Der groß Kriegsmacht zusamen bracht /
Doch nie gelieffert recht ein Schlacht.
Groß Gut thet er gar vielen schencken /
Darge'n auch viel unschuldig hencken.
Durch Sterngucken und lang tractiren /
Thet er viel Land und Leuth verliehren.
Gar zahrt war ihm sein Böhmisch Hirn /
Kont nicht leyden der Sporn Kirrn.
Han / Hennen / Hund / er bandisirt /
Aller Orten wo er losirt.
Doch mußt er gehn deß Todtes Strassen /
D' Han krähn / und d' Hund bellen lassen.

1 Welche Informationen enthält der Grabspruch über die Biografie Wallensteins? Vergleichen Sie das hier gezeichnete Wallensteinbild mit den Fakten, die über dessen Leben bekannt sind. Ordnen Sie das Bild in diesen Zusammenhang ein.

2 Welche Absicht verfolgt der Anonymus mit seinem Text? Mit welchen strukturellen und rhetorischen Mitteln arbeitet er, um diese zu verdeutlichen?

3 Wie deuten Sie die Schlusszeilen des Gedichtes?

Staat und Gesellschaft

Motive vergleichend analysieren

Christian Wernicke
Auf die Torheit der Welt (1697)

Wir gehn mit Lust und vollen Freuden
Nach Rom, Madrid und nach Paris,
Nach London, Amsterdam und Leiden,
Wir gehn als Jason nach dem Vlies;
Wir gehn nach Wien als Abgesandte,
Wir gehn ins Feld als Oberste,
Aufs Rathaus als des Rats Verwandte,
Als Flaggen-Führer in die See,
Wir gehn verschwendend unsre Stunden
Mit Brüdern in ein Saufgelach,
Wir gehn ins Feld mit unsren Hunden,
Mit Phillis in ihr Schlafgemach;
Wir kitzlen uns mit stetem Wandren,
Wir gehn, um niemals still zu stehn,
Wir gehn von einem Ort zum andren:
Und wolln doch in uns selbst nicht gehn.

Das Epigramma setze ich darumb zue der Satyra /
weil die Satyra ein lang Epigramma /
vnd das Epigramma eine kurtze Satyra ist:
denn die kürtze ist seine eigenschafft /
vnd die spitzfindigkeit gleichsam seine seele vnd gestallt;
die sonderlich an dem ende erscheinet /
das allezeit anders als wir verhoffet hetten gefallen soll:
in welchem spitzfindigkeit vornemlich bestehet.
(Martin Opitz, Epigramm, 1624)

1 Welche Anlässe und Motive des Reisens nennt Christian Wernicke in seinem Text? Wie beurteilt er das Reisen? Untersuchen Sie in diesem Zusammenhang die Bedeutung und Funktion seines Gedichttitels. Ein Epigramm des Autors wird Ihnen dabei helfen:

Endzweck der Uberschrifften (1697)

ES kan ein Uberschrifft nicht ohne Stachel seyn /
Der ein Verlangen wirckt nach ausgestandener Pein;
Der Stachel steht allein den Uberschrifften an /
Der Kitzlen / und zugleich zur Ader lassen kann.

2 Mit welchen sprachlichen, poetischen und rhetorischen Mitteln arbeitet er, um seine Botschaft dem Leser zu vermitteln?

3 Vergleichen Sie Wernickes Text mit dem Gedicht »Reisen« von Gottfried Benn.

Gottfried Benn **Reisen** (1950)

Meinen Sie Zürich zum Beispiel
sei eine tiefere Stadt,
wo man Wunder und Weihen
immer als Inhalt hat?

Meinen Sie, aus Habana,
weiß und hibiskusrot,
bräche ein ewiges Manna
für Ihre Wüstennot?

Bahnhofstraßen und Rueen,
Boulevards, Lidos, Laan –
selbst auf den Fifth Avenueen
fällt Sie die Leere an –

ach, vergeblich das Fahren!
Spät erst erfahren Sie sich:
bleiben und stille bewahren
das sich umgrenzende Ich.

Das Verhältnis von Bild und Text analysieren und reflektieren

Sigmund von Birken

Was macht ihr Schmäucher ihr? was *Trinken* ist der *Rauch?*
Die Pipe, komt vom Koht. Was überbleibt, ist *Aschen.*
Was ist *Tabak?* der *Tod.* Flieht, flieht vor diesem *Strauch,*
der eine *Schlange deckt!* sie wird euch sonst erhaschen.
Ein *Rauch,* diß *Leben* ist; der *Mensch* kommt von der *Erden,*
(Diß denkt hierbey) und wird bald Staub und Asche seyn.
Habt ihr diß *Eitle*? Nit doch! lernt Ernstlich werden.
Lebt, wie ein Weißer lebt, bildt euch das Sterben ein.

1 Notieren Sie zunächst Stichpunkte. Beschreiben und interpretieren Sie dann das Bild.

2 Untersuchen Sie das Verhältnis von Bild und Text.

3 Lesen Sie die Epigramme in der Textausgabe (T, S. 33, 41, 53, 54 und 71) und achten Sie dabei auf deren Struktur und sprachliche Gestaltung. Verfassen Sie auf dieser Basis ein Epigramm, das Bezug nimmt auf das Bild und die derzeitige Diskussion über das Rauchen.

Lebensgestaltung: carpe diem – memento mori

Ein Gedicht rekonstruieren

(1) Mir schaut der schwartze Tod zu beyden Augen aus /
(2) Die Glider sind verdörr't / als ein durchbrandter Grauß
(3) Der Athem wil nicht fort / die Zunge steht gebunden /
(4) Die Armen sonder Fleisch / daß diß mein schwaches Hauß
(5) Der Leib entbrechen wird / noch inner wenig Stunden.
(6) Mein Stündlein laufft zum End / itzt hab ich außgewacht
(7) Ich werde von mir selbst nicht mehr in mir gefunden.
(8) So sterb ich vor der Zeit. O Erden gute Nacht!
(9) Wer siht nicht / wenn er siht die Adern sondern Mauß /
(10) ICh bin nicht der ich war / die Kräffte sind verschwunden /
(11) Und werde von dem Schlaff des Todes eingenommen.
(12) Gleich wie die Wisen Blum lebt wenn das Licht der Welt
(13) Hervor bricht / und noch ehr der Mittag weggeht / fällt;
(14) So bin ich auch benetzt mit Thränen-tau ankommen:

☐ ☐ ☐ ☐ ☐ ☐ ☐ ☐ ☐ ☐ ☐ ☐ ☐ ☐

1 Versuchen Sie die ursprüngliche Fassung des Gedichtes zu rekonstruieren und geben Sie ihr einen Titel.

2 Erläutern Sie die Methode, wie Sie vorgegangen sind und begründen Sie – inhaltlich und formal – die von Ihnen erstellte Version. Übertragen Sie diese unter Berücksichtigung der neuen Rechtschreibung, aber unter Vernachlässigung von Reim, Metrum und Rhythmus in die Gegenwartssprache.

3 Finden Sie durch Recherche die Originalfassung des Gedichtes von Andreas Gryphius. Nutzen Sie dazu das Internet, Textsammlungen zur Barocklyrik oder Werkausgaben von Gryphius. Vergleichen Sie damit Ihre Textfassung.

4 Analysieren Sie das Gedicht und zeigen Sie an ihm epochenspezifische Merkmale auf.

Gedichte entflechten

1 Der folgende Text ist eine Montage aus zwei Barockgedichten. Versuchen sie die ursprünglichen Gedichte wiederherzustellen.

(1) Mir grauet vor mir selbst, mir zittern alle Glieder,
(2) Das Sitzen ist mein Tod, das Liegen meine Pein.
(3) ICH irrte hin und her / und suchte mich in mir/
(4) Wenn ich die Lipp und Nas und beider Augen Kluft,
(5) Die blind vom Wachen sind, des Atems schwere Luft
(6) Betracht und die nun schon erstorbnen Augenlider.
(7) Ach! thu dich mir doch auff / du Wohnhauß meiner Seelen!
(8) Schau / wie er sich betrübt / mein Geist / der in dir lebt?
(9) und wuste dieses nicht / daß ich ganz war in dir.
(10) Mein Körper ist nicht mehr als Adern, Fell und Bein.
(11) Tödtst du den / der dich liebt? / itzt hat er außgelebt
(12) Die Ärzte lassen mich, die Schmerzen kommen wieder
(13) Kein Todt hat macht an mir. Du kannst mich leben lehren.
(14) Die Zunge, schwarz von Brand, fällt mit den Worten nieder
(15) Und lallt, ich weiß nicht was; die müde Seele ruft
(16) Dem großen Tröster zu, das Fleisch reucht nach der Gruft,
(17) Die Schenkel haben selbst nun Träger wohl vonnöten.
(18) Ich sey auch / wo ich sey/ bin ich / Schatz/ nicht bey dir /
(19) Wenn diese Stunde kommt, wird alles Rauch und Dunst,
(20) So bin ich nimmermehr selbest in / und bey mir.
(21) Was ist der hohe Ruhm und Jugend, Ehr und Kunst?
(22) Komm / Schöne / gieb mich mir. Benim mir dieses quälen.
(23) Doch / gieb mich nicht aus dir. Ich mag nicht in mich kehren.
(24) Und eine Not muss uns mit allem Vorsatz töten.

Gedicht I (Reihenfolge der Ziffern):
1./2. Vers: ______________
3./4. Vers: ______________
5./6. Vers: ______________
7./8. Vers: ______________
9./10. Vers: ______________

Gedicht II (Reihenfolge der Ziffern):
1. Strophe: ______________
2. Strophe: ______________
3. Strophe: ______________
4. Strophe: ______________

Natur – das Buch Gottes

Gedichte vergleichend analysieren

1 Viele Gedichte des Barock wurden zu bestimmten Gelegenheiten verfasst. Welcher Anlass wird in dem folgenden Gedicht von Simon Dach literarisch gestaltet? Worauf spielt der Dichter an? Welche sprachlichen und poetischen Mittel verwendet er dabei?

2 Welche Lebenshaltung des Dichters kommt in seinem Text zum Ausdruck?

3 Vergleichen Sie Dachs Text mit dem Gedicht von Robert Roberthin. Welche Absicht verfolgt Roberthin, ein Freund Dachs, mit seinem Text?

Simon Dach
Die Sonne rennt mit Prangen (1632)

Die Sonne rennt mit prangen
Durch ihre Frühlings Bahn,
Sie lacht mit jhren Wangen
Den runden Erdkreiß an,
Der Westwind lest sich hören,
Die Flora, seine Braut,
Kömpt auch vns zu verehren
Mit Blumen, Graß vnd Kraut.

Die Vögel kommen nisten
Auß frembden Ländern her,
Das Vieh' hengt nach den Lüsten,
Die Schiffe gehn ins Meer,
Der Schäffer hebt zu singen
Von seiner Phyllis an,
Die Welt geht wie im springen,
Es frewt sich was nur kan.

Drumb wer anjtzt zum lieben
Ein ehrlich Mittel hat,
Der flieh' es auffzuschieben,
Vnd folge gutem Raht,
Weil alles, was sich reget,
In dem es sich verliebt
Vnd zu seins gleichen leget,
Hiezu vns Anlaß giebt.

Robert Roberthin
Auctumni tollit taedia longa Venus (um 1632)

Die Sonn ist abgegangen
Von ihrer hohen Bahn
Vnd schielet das Verlangen
Der Welt nur seitwerts an.

Die Lufft entzieht der Erden
das warme Himmels-Naß,
Davon entgeht den Heerden
Die Weid' an Laub und Graß.

Der Nordwind lesst sich hören
Daß allen Thieren grawt,
Mit frieren zu versehren,
Der Felder Laub vnd Kraut.

Der Wald gleicht einer Wüsten
Von Thier vnd Vögeln leer;
Mars stellet all sein Rüsten,
Der Kaufmann schewt das Meer;

Der Schäfer lässt sein Singen
Vnd heitzt den Ofen an,
Die Kälte zu bezwingen
Verkreucht sich was nur kan.

Drum weranjetzt zum Lieben
Ein ziemlich Mittel hat,
Der wol' es nicht verschieben
Vnd löffle sich nur satt!

Denn, wer es recht erweget,
Sieht, wie sich alles übt,
Daß es sich dichte leget
Vnd so die Wärme liebt.

Ein Gedicht mit Hilfe einer Interpretation erschließen

Andreas Gryphius **Morgen Sonnet** (1658)

DIe ewig helle Schaar wil nun ihr Licht verschlissen /
Diane steht erblaßt; die Morgenrötte lacht
Den grauen Himmel an / der sanffte Wind erwacht /
Und reitzt das Federvolck / den neuen Tag zu grüssen.
Das Leben diser Welt / eilt schon die Welt zu küssen /
Und steckt sein Haupt empor / man siht der Stralen Pracht
Nun blinckern auff der See: O dreymal höchste Macht
Erleuchte den / der sich itzt beugt vor deinen Füssen!
Vertreib die dicke Nacht / die meine Seel umbgibt /
Die Schmertzen Finsternüß / die Hertz und Geist betrübt /
Erquicke mein Gemütt / und stärcke mein Vertrauen.
Gib / daß ich disen Tag / in deinem Dinst allein
Zubring: und wenn mein End' und jener Tag bricht ein
Daß ich dich / meine Sonn / mein Licht mög ewig schauen.

1 Welche Fragen stellen sich Ihnen nach der Lektüre des Gedichtes von Gryphius?

2 Welche Ihrer Fragen werden in der folgenden Interpretation des Gedichtes auf S. 23 beantwortet, welche nicht?

Ruprecht Wimmer **Diese Welt und Gott** (1999)

Das Gedicht ist eigentümlich ortlos. Es kennt keinen Schauplatz, kein Zentrum des Erlebens, sondern versammelt allgemeinste Kennzeichen einer Morgenszenerie: die verblassenden Sterne, den verschwindenden Mond, die aufkommende Morgenröte, den frischen Wind, der sich erhebt und die Vögel zum Singen bringt. Die Sonne schließlich, die aufgeht und deren Strahlen sich im Meer spiegeln. Dazu ist das alles in einer Weise gesagt, die dem heutigen Leser Schwierigkeiten macht – feierlich, mit künstlich-schwerfälligen Bildern und Umschreibungen. Für die Sterne steht die ewig-helle Schar, der Mond wird mit dem Namen seiner römischen Göttin Diane bezeichnet, die Vögel werden zum Federvolk und die Sonne zum »Leben diser Welt«. Das einzige Anliegen des Betrachtenden scheint es vorerst zu sein, die schwindende Nacht und den anbrechenden Tag einander entgegenzusetzen, wobei die jeweiligen »Lichter« – Sterne, Mond und Sonne – die beherrschende Rolle spielen. Und doch ist das Gedicht mehr als eines der vielen Beispiele handwerklich-stereotyper Barockrhetorik. Zunächst einmal gehört es zu einem kleinen Zyklus, den sogenannten Tagzeitensonetten, in dem Andreas Gryphius in vierfach abgewandeltem Spiel das Licht der jeweiligen Tageszeit zum Gegenstand seiner Betrachtung macht, einer Betrachtung, die stets auf die Ewigkeit ausgreift, auf das Schicksal des Menschen nach dem Tod mithin. Die Qualität des Textes liegt also auch darin, wie er das zentrale Motiv des Zyklus behandelt und abwandelt.

Doch auch wenn wir uns auf das »Morgen Sonnet« beschränken, erkennen wir einen Teil dieser Qualität. Der Übergang von der Anschauung zum Ewigkeitsgedanken erfolgt nicht parallel zur zweiteiligen Sonettform, also von den vierzeiligen zu den dreizeiligen Strophen, sondern gewissermaßen überstürzt, nämlich bereits innerhalb der Quartette, und zwar inmitten der zweiten Strophe, und dort auch noch inmitten einer Zeile: »O dreymal höchste Macht …« Das gibt diesem Übergang Spontaneität, vermittelt den Eindruck des Gedrängtseins. Der Blick auf die Naturvorgänge des Morgens erzwingt den Aufblick zu Gott.

Hat man aber diese Dynamik, diesen dem Text eigenen Drang einmal erkannt, so erscheint manches von der Bildwelt des Gedichteingangs gar nicht mehr so selbstzweckhaft rhetorisch; die Art, wie die Natur angeschaut wird, ist ein Vorspiel der Betrachtung und des Gebetes, denn diese Natur wird schon als Abbild und Hinweis auf das Übernatürliche gesehen, ja »gelesen«. Die Sterne weisen als ewighelle Schar ins Überzeitliche, die antike Bezeichnung des Mondes hat göttliche Qualität, und die Sonne wird vorausblickend so umschrieben, wie dies auch für den Creator mundi möglich wäre: »Das Leben diser Welt«. An diesen Weltschöpfer in seiner Dreifaltigkeit wendet sich der Betrachter – zunächst in einem Morgengebet, das einen gottgefälligen Tag gelobt und zugleich erbittet. In einer unvermittelten Geste der Steigerung und der Weitung aber kommt es dann zum Blick auf das Weltende. Der eine Morgen wird unversehens zum entscheidendsten aller Morgen, zum jüngsten Tag, und das an den einen Morgen gebundene Gebet wird zur Bitte um die ewige Seligkeit. Was an diesem Sonett die Jahrhunderte hindurch anrührt, ist seine im eigentlichen Wortsinn mitreißende innere Bewegtheit: vom Blick auf die Morgennatur hin zum Blick auf Gott; vom Morgengebet hin zum »Lebensgebet«. Und das eine wird nicht rhetorisch-pedantisch aus dem anderen gefolgert und entwickelt; vielmehr geben Rhetorik und Bildlichkeit der Gedichtbewegung ihre Bruchlosigkeit und ihren Schwung.

3 Welche weiteren Erkenntnisse haben Sie aus der Gedichtinterpretation gewonnen? Welche lassen sich auch auf die Analyse anderer Barockgedichte anwenden?

4 Rekonstruieren Sie den Argumentationsgang des Interpreten.

Epochenbezüge – Epochenvergleiche

Den Epochenumbruch erkennen

1 Das Gedicht von Brockes ist seinem Gedichtband »Irdisches Vergnügen in Gott« aus dem Jahre 1727 entnommen. Wie verstehen Sie den Titel des Buches?

2 Das Gedicht könnte man als Dokument eines Epochenumbruches bzw. als Ausdruck des Stilwandels vom Barock zur Aufklärung deuten. Welche sprachlichen und poetischen Elemente erinnern an Barockgedichte, welche Momente lassen sich mit Vorstellungen der Aufklärung verbinden?

3 Vergleichen Sie das Gedicht von Brockes mit dem »Sommer-Gesang« von Paul Gerhardt (vgl. T, S. 60ff.). Untersuchen Sie dabei die Haltungen des lyrischen Ichs und dessen Naturwahrnehmungen.

Barthold H. Brockes
Kirschblüte bei der Nacht (1727)

Ich sahe mit betrachtendem Gemüte
Jüngst einen Kirschbaum, welcher blühte,
In kühler Nacht beim Mondenschein;
Ich glaubt, es könne nichts von größrer Weiße sein.
Es schien, als wär ein Schnee gefallen;
Ein jeder, auch der kleinste Ast
Trug gleichsam eine rechte Last
Von zierlich weißen runden Ballen.
Es ist kein Schwan so weiß, da nämlich jedes Blatt,
Indem daselbst des Mondes sanftes Licht
Selbst durch die zarten Blätter bricht,
Sogar den Schatten weiß und sonder Schwärze hat.
Unmöglich, dacht ich, kann auf Erden
Was Weißers aufgefunden werden.
Indem ich nun bald hin, bald her
Im Schatten dieses Baumes gehe,
Sah ich von ungefähr
Durch alle Blumen in die Höhe
Und ward noch einen weißern Schein,
Der tausendmal so weiß, der tausendmal so klar,
Fast halb darob erstaunt, gewahr.
Der Blüte Schnee schien schwarz zu sein
Bei diesem weißen Glanz. Es fiel mir ins Gesicht
Von einem hellen Stern ein weißes Licht,
das mir recht in die Seele strahlte.
Wie sehr ich mich an Gott im Irdischen ergetze,
Dacht ich, hat er dennoch weit größre Schätze.
Die größte Schönheit dieser Erden
Kann mit der himmlischen doch nicht verglichen werden.

Metaphorik deuten und geschichtlich einordnen

Zacharias Lund **An die Liebste**

Diß Kränzlein schick ich dir voll schöner Blumen Pracht
Zu deines Häuptes Zier mit meiner Hand gemacht:
Magst gelbe Veilgen hier/ hier weisse Lilien sehen
Dort rothe Rosen auch als noch voll Thawes stehen:
Doch was kömpt diß Geschenck bey deiner Würdigkeit?
Zerbrichs/ als dir gesellt/ bist selbst voll Zierligkeit:
Das Häupt ist Veilgen voll/ voll Lilien die Wangen
Das Zuckermündlem ist mit Rosen rings umbfangen.

Johann Wolfgang von Goethe
Kleine Blumen, kleine Blätter (1771)

Kleine Blumen, kleine Blätter
Streuen mir mit leichter Hand
Gute junge Frühlings-Götter
Tändlend auf ein luftig Band.

Zephir, nimm's auf deine Flügel
Schling's um meiner Liebsten Kleid!
Und dann tritt sie für den Spiegel
Mit zufriedner Munterkeit.

Sieht mit Rosen sich umgeben,
So wie eine Rose jung,
Einen Kuss, geliebtes Leben
Und ich bin belohnt genung.

Schicksal segne diese Triebe,
Lass mich ihr und lass sie mein,
Lass das Leben unsrer Liebe
Doch kein Rosen-Leben sein!

Mädchen, das wie ich empfindet
Reich mir deine liebe Hand!
Und das Band, das uns verbindet,
Sei kein schwaches Rosen-Band!

Erläuterung:
Bemalte Bänder waren damals in Mode gekommen. Goethe stellte selbst einige her und sandte sie mit diesem Gedicht der Freundin Friederike Brion nach Sesenheim.

1 Bestimmen Sie die Textsorte und analysieren Sie Struktur und metrische Gestaltung des Gedichtes von Lund.

2 Vergleichen Sie die hier gewählte Blumenmetaphorik mit der in Goethes Gedicht.

3 Arbeiten Sie anhand der beiden Gedichte unterschiedliche Epochenbezüge heraus.

Mediale Gestaltung

Ein Figurengedicht erschließen und verfassen

Johann Steinmann

Das Horn der Glükkseligkeit.

Schöne Früchte:
Blumen/ Korn/
Kirschen/ äpfel/
Birn'/ und Wein/
Und was
sonst mehr
kan seyn/
sind hier
in diesem
H O R N/
das Glükk/
auf daß
es uns
erquikk'/
hat selbst
es so
mit hüll
und füll
erfüllt.
wol dem/
dem es
ist
mild.

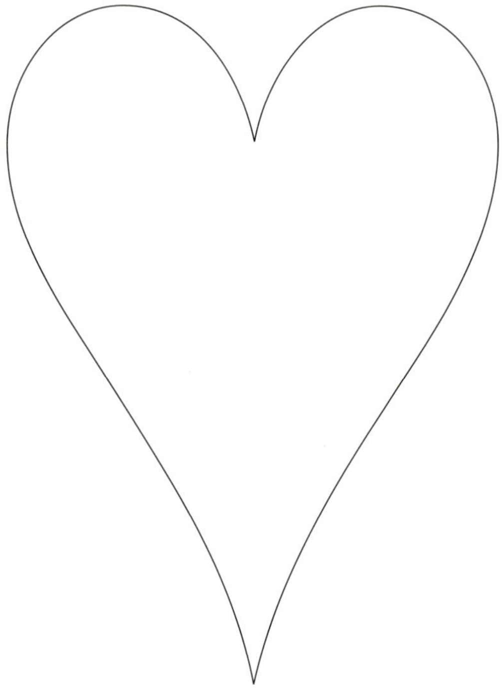

1 Untersuchen Sie den Zusammenhang von Bild und Text im Figurengedicht von 1653.

2 Verfassen Sie im Rückgriff auf die hier dargestellte Form oder eine Form Ihrer Wahl (z. B. Ei, Baum, Torbogen …) ein Figurengedicht. Versuchen Sie durch Ihre Verse den Gegenstand nicht nur abzubilden, sondern auch dessen Bedeutung und Funktion deutlich zu machen.

Ein Emblem beschreiben und deuten

1 Beschreiben Sie das Emblem und geben Sie ihm eine Überschrift (Inscriptio).

2 Verfassen Sie zu dem Emblem eine Unterschrift (Subscriptio).

3 Lesen Sie noch einmal die Gryphius-Gedichte des Textbandes und zeigen Sie Bezüge zu dem Emblem auf.

Bild und Text in vergleichender Weise deuten

Andreas Gryphius **Die Hölle** (1637)

ACh! Und Weh!
Mord! Zetter! Jammer / Angst! Creutz! Marter! Würme Plagen.
Ach vergeh!
Tiff' und Höh'!
Meer! Hügel! Berge! Felß! Wer kann die Pein ertragen?
Schluck Abgrund! Ach schluck' ein! Die nichts denn ewig klagen.
Je und Eh!
Schreckliche Geister in tunckelen Hölen / ihr die ihr martret und Marter erduldet
Kann denn der ewigen Ewikeit Feuer / nimmermehr büssen diß was ihr verschuldet?
O grausamm' Angst stets sterben / sonder sterben!
Diß ist Flamme der grimmigen Rache / die der erhizete Zorn angeblasen:
Hir ist der Fluch der unendlichen Straffen / hir ist das immerdar wachsende Rasen:
O Mensch! Verdirb! Umb hir nicht zu verderben.

1 Lassen Sie das Bild einige Minuten auf sich wirken und notieren Sie erste Eindrücke in Stichworten.

2 Deuten Sie das Bild und stellen Sie Bezüge zum Gedicht her.

3 Welche bildnerischen und sprachlichen Mittel setzt die Künstler ein, um die Hölle darzustellen? Vergleichen Sie.

Eine Mindmap erläutern und anwenden

1 Die folgende Mindmap stellt zentrale Elemente und Aspekte der Barocklyrik dar und zeigt deren Vernetzung auf. Ergänzen Sie nach Möglichkeit die Kategorien und erläutern Sie sie an einem von Ihnen gewählten Gedichtbeispiel.

2 Verfassen Sie im Rückgriff auf Ihre Überlegungen einen Artikel für ein Schülerlexikon über Barocklyrik.

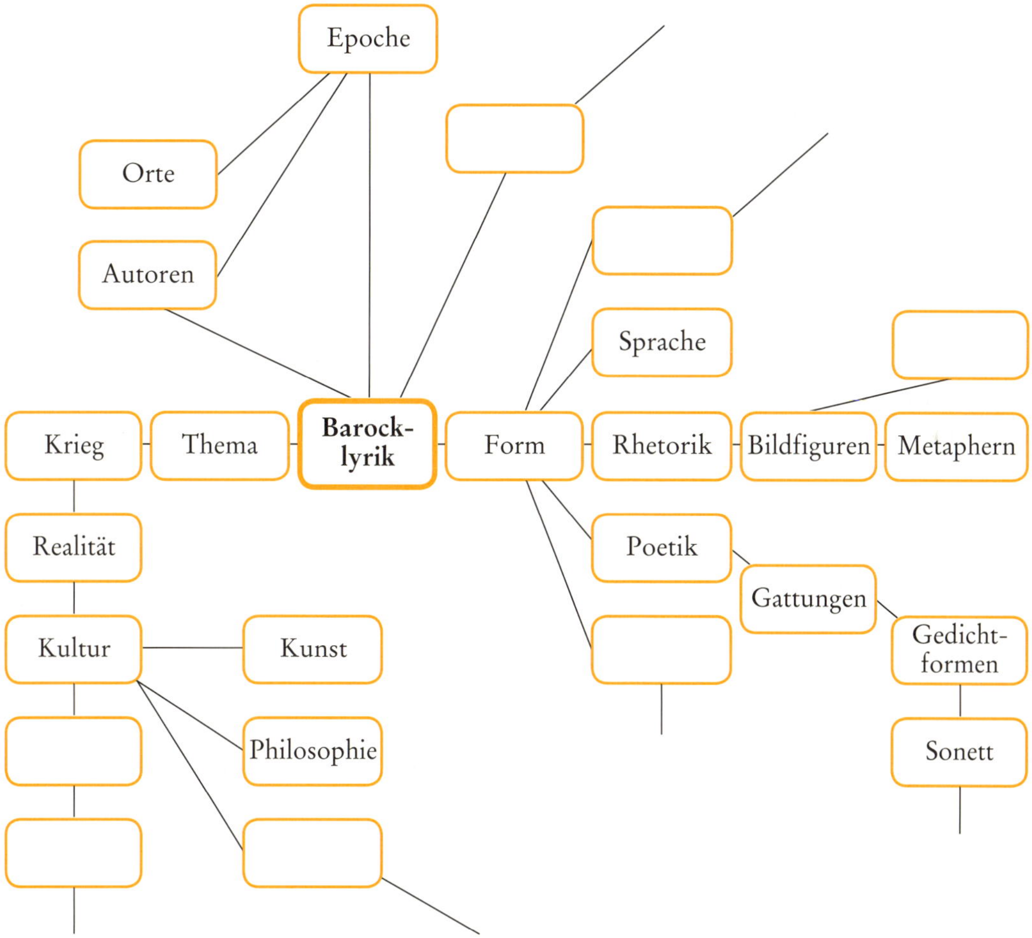

Kenntnisse überprüfen und sichern

1. Was bedeutet für Sie das Eigenschaftswort »barock«?
2. Kennzeichnen Sie die metrische Form des Alexandriners. Erläutern Sie Möglichkeiten, wie er inhaltlich genutzt werden kann. Belegen Sie Ihre Erkenntnis durch Beispiele aus der Textausgabe.
3. Was ist ein Epigramm?
4. Erläutern Sie die folgenden Begriffe und kennzeichnen Sie die Lebenshaltungen, die mit ihnen verbunden sind:
   (a) fortuna, (b) constantia, (c) vanitas, (d) carpe diem, (e) memento mori!
5. Was versteht man unter Petrarkismus?
6. Charakterisieren Sie in knapper Form die politischen Verhältnisse im 17. Jahrhundert. Stellen Sie die ständischen Verhältnisse der Zeit grafisch dar.
7. Bestimmen Sie die rhetorischen Figuren in den folgenden Versen (T, S. 67) und erläutern Sie deren Funktion:

> Ihr Lichter / die ich nicht auff Erden satt kan schauen /
> Ihr Fackeln / die ihr Nacht und schwartze Wolcken trennt
> Als Diamante spilt / und ohn Auffhören brennt;
> Ihr Blumen / die ihr schmückt des grossen Himmels Auen:

8. Typische Stilmittel der Barocklyrik sind die Häufung und die Antithese. Belegen Sie deren Bedeutung und Funktion an Beispielen aus der Textsammlung.
9. Erläutern Sie die Struktur des folgenden Emblems. Inwieweit lässt sich dessen Botschaft für die Interpretation des Gedichts »Einsamkeit« von Andreas Gryphius fruchtbar machen (T, S. 74)?

> Den Schicksalsspruch verachte nicht!
> Wer weise ist, verachtet nicht einfach Unglückszeichen;
> Denn auch das Unbeachtete bringt oftmals den Tod.

10. Im 17. Jahrhundert wurden in Deutschland Sprachgesellschaften gegründet bzw. es bildeten sich literarische Kreise. Charakterisieren Sie deren Personal- und Organisationsformen. Welche Ziele verfolgten diese Gruppen?
11. Was versteht man im 17. Jahrhundert unter galanten Lebens- und Verhaltensformen?

Spruchrätsel lösen

1. Ich bin der Sonnen Sohn / von ihr stets unbedecket /
Zu Morgens und zu Nachts fast überlang erstrecket:
Man findet Ruh in mir / ich ruh auch unerregt:
Ich gehe vor und nach / wie sich der Mann bewegt.
(Georg Philipp Harsdörffer, 1651)

2. Seit daß ich geboren bin / muß ich unaufhörlich lauffen /
Alle Welt die suchet mich / kommt zu mir mit großem hauffen /
Ohne glieder ist mein cörper / habe weder arm noch hand /
Und dennoch thut keine stärcke meiner stärcke widerstand.
(Unbekannter Verfasser)

3. In der lufft bau ich mir selbst ohne hülffein hauß zu wohnen /
Alles / was darzu gehöret / ich in mir / sonst nirgens / find.
Dieser an kunst beschämet auch des Dädels labyrinth:
Doch der mensch pflegt mir die müh mit dem tode zu belohnen.
(Unbekannter Verfasser)

4. Weil ich in den wäldern blieb / war ich todt und ohne leben /
Konnte damahls keinen schall und auch keinen klang nicht geben.
Itzt nun ich gestorben bin / so kann ich durch süsses klingen
Nicht die ohren nur allein / sondern selbst die hertzen zwingen.
(Unbekannter Verfasser)

5. Ich bin der Gänse Kind / in tausend Stuck zerstucket
zu Morgens schlägt man mich / zu Nachts werd ich zerdrucket.
Man streckt sich zwischen mich / den ich lang halten kan
der ist / (raht wie ich heiss) ein Jammer voller Mann.
(Georg Philipp Harsdörffer, 1651)

6. Aus unbekanndtem Ort' / aus einem dunklen Haus'
Alls ob der Donner grummt / fall' ich mit Schall heraus;
Die Nechsten jag' ich weg / die doch nur meiner lachen:
Und wan ich sleichend komm / kan ich Gezänke machen.
(Justus Georg Schottelius, 1641)

7. Auch den allertieffsten grund kan ich mit den füssen gründen /
Da ich doch mit meinem haupte fast biß an die wolcken geh.
Vögel / wilde thier und fisch / sich in menge bey mir finden /
Und zu einer zeit so wohn ich in der erd und in der see.
(Unbekannter Verfasser)

Das Rätsel gehört zu den ältesten weit verbreiteten Textformen der literarischen Überlieferung. Diese ist lehrreich und unterhaltsam. Das Rätsel ist eine häufig versifizierte Umschreibung eines nicht genannten Gegenstandes, einer Person oder eines Vorgangs durch Kennzeichnungen in knapper, manchmal pointierter Form. Es appelliert an den Scharfsinn der Leser oder Hörer, den gemeinten Wirklichkeitsbezug zu erraten bzw. zu erschließen. Als Kunstform wurde es vor allem im Barockzeitalter gepflegt.

1 Lösen Sie die Spruchrätsel und notieren Sie die entsprechenden Begriffe.

2 Versuchen Sie selbst, in Vers- oder Prosaform ein Rätsel zu konstruieren.

Textquellen

Seite 4: Mannack, Eberhard: Andreas Gryphius. In: Deutsche Schriftsteller im Porträt. Das Zeitalter des Barock. Hrsg. von Martin Bircher. München: Beck 1979. S. 79.
Seite 6/7: Grass, Günter: Das Treffen in Telgte. Darmstadt und Neuwied: Luchterhand 1979. S. 76; 103 f.
Seite 10: Gryphius, Andreas: An die Welt. In: Andreas Gryphius. Gedichte. Eine Auswahl. Hrsg. von Adalbert Elschenbroich. Stuttgart: Reclam 1968. S. 9 f.
Seite 11: Gryphius, Andreas: An Eugenien. In: Das Große Deutsche Gedichtbuch. Hrsg. von Karl Otto Conrady. Kronberg /Ts.: Athenäum 1977. S.113 f.
Seite13: Alewyn, Richard: Das große Welttheater. Die Epoche der höfischen Feste. München: Beck 1989. S. 69.
Seite 14: Hoffmannswaldau, Christian Hoffmann von: Vergänglichkeit der Schönheit. In: Das Große Deutsche Gedichtbuch a.a.O. S. 136 f.
Seite 15: Narkissos und Echo. In: Irene Aghion, Claire Barbillon und Francos Lissarrague. Reclams Lexikon der antiken Götter und Heroen in der Kunst. Stuttgart: Reclam 2000. S. 210 f.
Seite 15: Fleming, Paul: Als Echo ward zu einem Schalle. In: Paul Fleming: Deutsche Gedichte. Hrsg. von Volker Meid. Stuttgart: Reclam 1986.
Seite 16: Anonymus: Wallensteins Epitaphium. In: Gedichte des Barock. Hrsg. von Ulrich Maché und Volker Meid. Stuttgart: Reclam 1980. S. 55.
Seite 17: Wernicke, Christian: Auf die Torheit der Welt. In: »Wir vergehn wie Rauch von starken Winden«. Deutsche Gedichte des 17. Jahrhunderts. Bd. II. Hrsg. von Eberhard Haufe. München: Beck 1985. S. 368.
Seite 17: Opitz, Martin: Epigramm. Aus: Buch der Deutschen Poeterey. In Veerlegung David Müllers Buchhändlers in Breßlaw 1624.
Seite 17: Benn, Gottfried: Reisen. In: Gesammelte Gedichte. Stuttgart: Klett-Cotta 2002. S. 307.
Seite 18: Birken, Sigmund von: Frontispiz. Aus: Die Truckene Trunkenheit. Mit Jacob Baldes »Satyra Contra Abusum Tabaci«. Hrsg. von Karl Pörnbacher. München: Kösel 1968. S. 200.
Seite 21: Dach, Simon: Die Sonne rennt mit Prangen. In: Gedichte des Königsberger Dichterkreises aus Heinrich Alberts Arien und musicalischer Kürbishütte (1638–1650). Hrsg. von L.-H. Fischer, 1. Hälfte, Ndr. Dt. Lit.-Werke 44/45. Halle: Niemeyer 1883. S. 20 f.
Seite 21: Roberthin, Robert: Auctumni tollit taedia longa Venus. In: Gedichte des Königsberger Dichterkreises, a.a.O. S. 21 f.
Seite 22: Gryphius, Andreas: Morgen Sonnet. In: Gedichte des Barock, a.a.O. S. 117.
Seite 23: Wimmer, Ruprecht: Diese Welt und Gott. In: Frankfurter Anthologie Bd. 22. Frankfurt/Main: Insel 1999. S. 24–26.
Seite 24: Brockes, Barthold H.: Kirschblüte bei der Nacht. In: Das Große Deutsche Gedichtbuch, a.a.O. S. 159.
Seite 25: Lund, Zacharias: An die Liebste. In: Barocklyrik in 3 Bänden. Hrsg. von Herbert Cysarz. Hildesheim: Olms 1968. S. 30.
Seite 25: Goethe, Johann Wolfgang von: Kleine Blumen, kleine Blätter. In: Goethe Gedichte. Kommentiert von Erich Trunz. München: Beck 1994. S. 25 f.
Seite 28: Gryphius, Andreas: Die Hölle. In: Gedichte des Barock, a.a.O. S. 122.
Seite 31: Die deutsche Literatur vom Mittelalter bis zum 20. Jahrhundert. Bd. III. Barock. Hrsg. von Albrecht Schöne. München: Deutscher Taschenbuch Verlag 1988. S. 732 ff.

Bildquellen

Seite 5: Andreas Gryphius (1616–1664). akg-images, Berlin.
Seite 6: Johann Rist. INTERFOTO, München / Thomas Höfler.
Seite 7: Angelus Silesius, 2. Hälfte 17. Jh. bpk, Berlin.
Seite 8 o.: Prager Fenstersturz nach einer Zeichnung v. H. Merrte, 19. Jh. ullstein-bild, Berlin.
Seite 8. m.: Das Rad der Fortuna, Grégoire Huret, Barock. bpk, Berlin/RMN.
Seite 8 u.l.: Simon Renard de Saint-Andre (1613–1677): Vanitas Stillleben. bridgemanart.com/Private Collection/Lauros.
Seite 8 u.r.: Hans Ulrich Franck: »Raubende Soldateska«, 1643. akg-berlin.
Seite 9 o.l.: Reincken.Gem: J. Voorhout: Buxtehude 1674. picture-alliance, Frankfurt/M./akg-images.
Seite 9 o.r.: Großer Kurfürst, Berlin 1871 (Foto) Friedrich Wilhelm, Bronzestandbild v. Andreas Schlüter, 1696–1703. akg-images, Berlin.
Seite 9 u.l.: Die Karlskirche in Wien, Xylografie, 19. Jh. INTERFOTO, München/Sammlung Rauch.
Seite 9. u.r.: Luther, Pabst, Calvinus. Flugblatt, um 1619. ullstein-bild, Berlin/TopFoto.
Seite 11: Emblem: vita rosa est, 1655. In: Dietrich Walter Jöns, Das »Sinnen-Bild« Stuttgart: Metzler 1966.
Seite 13: Szenenbild aus der Aufführung des Jesuitendramas »Judas Makkabaeus«, 1652 in Brügge. In: Albrecht Schöne: Emblematik und Drama. Im Zeitalter des Barock. München: Beck 1964, S. 129.
Seite 15: Nicolas Poussin, Echo und Narzissus, vor 1630. akg-images, Berlin/Erich Lessing.
Seite 16: anonymer zeitgenössischer Kupferstich von der Ermordung Wallensteins 1634 in Eger. bpk, Berlin.
Seite 18: Birken, Sigmund von: Frontispiz – Satire über den Tabak. in: Die Truckene Trunkenheit. Mit Jacob Baldes »Satyra Contra Abusum Tabaci«. Hrsg. von Karl Pörnbacher. München: Kösel 1968, S. 201.
Seite 26: Johann Steinmann, Das Horn der Glückseligkeit. In: Gedichte des Barock. Hrsg. von Ulrich Maché und Volker Meid. Stuttgart: Reclam 1980, S. 216.
Seite 27: Emblem: Quid est homo? Lucerna sub dio posita. In: Dietrich Walter Jöns, Das »Sinnen-Bild«. Stuttgart: Metzler 1966.
Seite 28: Dieric Bouts (um 1410/20–1475): Höllensturz der Verdammten, um 1468, Musée du Louvre. akg-images, Berlin/Erich Lessing.
Seite 30: Emblem: Joachim Camerarius: Sorte ne despice Fati. Aus: Symbolorum & Emblematum Nürnberg 1596. In: Emblemata, hrsg. von Arthur Henkel und Albrecht Schöne. Stuttgart: Metzler 1996, S. 852.